JN411110

고통이여
너를 안는다

곽상희 시집

문학의전당 시인선
134

고통이여
너를 안는다

곽상희 시집

문학의전당

시인의 말

비밀 하나 캐려고 텃밭으로 갔다.
그러나
그것이 사막이 되고
바다가 될 줄 몰랐다.
닫힌 문이 될 줄 몰랐다.
문 밖에서 말을 캐는
일을 익혔다.

그렇게 사랑이 오고
말이 왔다.
바람이 익은 물빛 안에서.

2012년 여름
곽상희

차례

시인의 말

제1부 장미꽃 속에 숨은 시간

굴렁쇠 13
물 위를 걷는 돌 14
한 발짝 늦은 발이 보는 세상 16
기러기들 시 쓰다 18
새들은 말하지 않고 19
찻잔과 복수꽃 20
찻잔 한 잔 22
푸른 물의 계절 24
다른 달 26
달이 지나고 있다 28
눈색이꽃 29
그런 것 하나 30
밤이 어두운 이유 31
초대 32
뼈 안의 그리움 34
장미꽃 속에 숨은 시간 36
틈이 보일 때 38

제2부 맨발로 쓰는 시

여자는 풀밭에 누워 있다 41

그믐달과 열쇠 42

아들의 골수 44

심리학 교실 46

폭풍의 중심 47

모래가 된 별 48

시 50

나팔꽃 향수 52

맨발로 쓰는 시 53

가슴 열어 놓고 보면 54

우주횡단 56

여기에도 58

자벌레의 모티브 59

물, 하고 말했을 때 60

물의 길 62

눈물의 지우개 64

아무것도 아니어서 좋은 66

제3부 꽃잎 하나에도

환한 날 69

길을 가다가 70

거울 앞에서 72

하얀 날개 74

한순간의 묘사 75

공해 76

환영 78

푸른 파 여자 1 79

푸른 파 여자 2 80

푸른 파 여자 3 82

벽 83

벌레들과 천사들 84

밤은 왜 울지? 86

슬픔과 기쁨 88

꽃잎 하나에도 90

경계선에서 92

제4부 꽃이 모국어로 말한다

꽃이 피는 순간 95
꿀벌 96
바람이 불면, 꽃은 97
꽃이 모국어로 말한다 98
사랑하는 것의 이유 100
꽃과 새 102
별에서 온 편지 103
너는 내 곁에서 104
꽃의 길 106
꽃이 배가 고플 때 108
낮게 앉은 욕망 110
육체 꽃 112
가족사진첩 114
코리아타운 116
4월, 그 슬픔의 자화상, VT 118
살아있는 것들의 빛깔 120
깃동잠자리 122

해설 | 시인-울음소리를 듣고 웃음소리를 내는 자 123
이승하(시인 · 중앙대 교수)

제1부 장미꽃 속에 숨은 시간

굴렁쇠

내가 너의 부르튼 손을
품고
돌무덤 쌓인 강을 건널 때

내 손끝에 스치는
네 뜨거운 숨결 소리를 들을 수 있었다

그 숨결이
내 발바닥에
꽃잎 같은 굴렁쇠를 달아주었다.

물 위를 걷는 돌

안개꽃 피는 수평선
가슴 떨리는 내가 있었다

늘 보아도 언제나 처음인
바다, 수천 년 숨겨놓은
눈빛 하나 반짝이다
물빛이 춤사위가 되는 것을
보았다

너를 향한 내 발걸음에
놀란 바다가 조금 전까지도
생각지 못한 그리움의 이적들이
떠올라서 떠올라서
몸의 뿌리를 흔들고

바닷가 모래알보다
더 많은
나의 세포들이 황홀한 듯

물 위를 걷는다.

한 발짝 늦은 발이 보는 세상

한 발짝 늦어도
세상사 많이 달라질 수 있다
알았을 때

길가에 피어 있는 꽃의 빛깔도
바람 한 자락 다르게 흔들리므로
조금 더 오래 피어 있다
먼지 하나에 빛나는 빛살 하나
무슨 속으로 좀 더 오래 빛날 수 있다

바람에 미리 허리 굽히는
냉이 풀을 보았을 때

거리나 광장에서 내가 너의 등 뒤에 서서
무슨 소리 떠드는 그 사람
나일 수 있다 부끄러워질 때

작은 일 하나에도 마음 하나 모으면

세상이 참 경이로울 수 있다
문득 깨달을 때

냉이꽃 작은 잎 하나

너 피울 수 있니?

발에게 묻는다.

기러기들 시 쓰다

지구의 한쪽 귀퉁이
점보다 작은 의자에 앉아
시를 쓴다

간조(干潮)에 익은 초승달이 떠 있다

초승달을 비에 젖은 초록잎이라고
쓴다

시가 걸어온다
손 내밀며 히죽 웃는다

북국(北國)으로 날아가는 기러기들을
그 슬픈 울음소리를
하늘의 난민이라고 쓴다

하늘이 몹시 시끄러웠다.

새들은 말하지 않고

새들은
말하지 않고
운다

낯선 이국땅
New York

나도
말하지 않고
운다

눈물이
길을 닦는다

찻잔과 복수꽃

눈이 온 후 며칠이 지났다
잠시 외출했다가 귀가하는 아버지의
발걸음 소리 같은
비가 내리고
잘못하여 혼줄 난 어린아이의
눈빛 같은 햇살
목덜미 더욱 시려오는 날

잊혀진 꿈을 꾼다

산다는 건 꿈을 꾸며
자신을 용서하는 일이라고
알맞게 식은 찻잔을 두 손에 보듬고
누군가 걸어오는 발자국 소리에
무작정 귀 기울인다

그날도 그랬다
그대가 되돌아오기를

기다리는 것보다 나는
떠나는 그대 등 뒤로 쫓아가
낙엽처럼 떠는 그대 어깨를 품에
안아야 했다

두 손으로 싸안은 그대의 온기가
눈 녹이는 복수꽃의 온기로
내 몸을 데우고 있다.

찻잔 한 잔

나뭇가지에서 떨어진
마지막 나뭇잎 하나
내 닫힌 창틈에 찰싹 몸 붙이고
있다, 안을 기웃거린다

신문에는 아프가니스탄의
소년 하나가 벗은 채
벌건 들판에 서 있다
쉬지 않고 총소리 들려온다

너희들은 너무 많고
내 이불은 너무 좁구나

바람에게 떼밀린 낙엽 하나
허공에서
이러지도 저러지도 못하고
뱅뱅 돌다
지구의 무게 견디려 너 홀로

버틴다

차디차게 식은
내 미안한 차 한 잔…….

푸른 물의 계절

아카시아 나무들 늘어선 길
유성들이 모여 살고 있다

천 가지 방언들도 숨죽인 채
엎드리고 물이 된 계절의
초입

네가 보이기 시작한다

너는 한낮의 웃음
머리에서
발끝까지
봄의 몸으로 서 있다

바람이 와
붉은 녹이 낀 상처를 업어 간
희끄무레한 새벽 눈빛 속에
보이지 않는 황금빛 발로

길게 내려온

아카시아 나뭇가지 사이

새 울음소리 시리게
울려 퍼진다.

다른 달

안개비 내리는
살구꽃 나뭇가지 사이
오대양 육대주를 휘젓고 온 달
태몽도 없는 길 하나
봉긋 솟아난다

어린아이 그림 연습 종이 같은 달

달들의 행렬!

달의 쓸쓸함이 키운
길 하나 걸어나온다

길 너머 저쪽에는
네 얼굴 같기도
내 얼굴 같기도 한
호수의 그늘진 얼굴

들꽃 같은 점들과
웃음이 패인 주름살까지
내 손바닥의 손금처럼 가깝고 멀게
보인다

소금꽃이 핀 독버섯 같은
숫사랑 하나

발간 얼굴 봉긋 솟아 나온다.

달이 지나고 있다

창밖은 맨발의 말간 비의
발자국 소리가
눈이 내리듯 들려온다

그 비가 그치고
들창 너머로 어제는 보이지 않던
길이 보인다

칭얼대는 아이의 울음소리를
달래는 엄마의 손이
찢어진 문풍지에 어른거린다

수없이 달이 지나간 흔적
한 나라의 역사를
쓸어가며 출렁, 또 한 페이지를 들추는
소리가 들린다

달이 지나고 있다.

눈색이꽃*

겨울 햇살 좋은 날
땅을 팠다

손가락 호호 불며 얼어붙은 흙을 팠다
명년 3월 꽃차례상 차릴
씨알 하나

바람은 세상을 훑어가고
천지의 문이 열리니

고요히 세상이 밝아졌다

그렇게
사랑이 왔다

수줍고 참 환하다……!

---

* 복수초는 이른 봄 얼음 사이에서 핀다 하여 '얼음새꽃'이라고도 하고 덮인 눈도 녹인다하여 '눈색이꽃'이라고도 한다.

그런 것 하나

가만히 걸어가도 닿을 수 있다면
네 꿈이 수풀처럼 무성한 그곳에
가만히 앉아 눈길만 보내도
내 가슴 보인다면
너를 향한 내 따뜻한 가슴이
가만히 손 내밀어
함께 오순도순 걸어갈 수 있다면

너를 향한
내 숨소리 들을 수 있다면
내 소원이 너를 만질 수 있다면
너는 가만히 창밖으로 시선을 보내고
저 하늘의 뜬구름 한 점
어제와 같지 않을지라도
그런 것 하나
자유라고
행복이라고 말하리라

밤이 어두운 이유

진흙 한 뭉치가
날카롭게 송곳을 세워
화가의
손바닥을 피로 물들일 때

화가는
푸른 밤의 캠퍼스에
자꾸
검은 색을 덧칠한다

초대

좁쌀 같은 들꽃의 언덕을 지나
존 버거* 우물로 간다

별들 스쳐가고
구름 지나간 흔적 아련하다

아직 오지 않는 시간 꿈꾸는 우물
나는 그대 문 앞에 서 있다

내 순간의 추가 명확히
그대 손금이 움켜쥔 수많은 시간 펼친다

문화의 경계 친밀하게 날아다닌
억센 팔,
그대 꽃잎 떠는 가슴의 섬세함,
은유의 메아리 왕창 울리고 있다

나는 국경을 넘어 초대받은

행운의 시인

자유 향한 술객
억만 리 골짝 별들의 비밀 캐는
넘치지 않는 오만과 그대 사상의 색채와
음향 속에서
나의 모국어를 본다

모국어의 자음과 모음으로
경계 없는 무위를 만진다

아, 사랑의 고통 읽는다
그대와 나는 순간들의 축제에 부름 받은
자유의 손

---

* 존 버거(John Berger) : 1926년 영국 출생. 중년 이후 프랑스 동부 알프스 산록 농촌마을에서 농사짓고 저술활동을 하는 깊고 넓은 사유의 작가. 예술은 국경을 초월한 언어로 말한다. 그림도 음악도 문학도 자신의 모국어로 감상한다. 그럴 때 우리의 영혼과 육신은 깊게 떤다 말하고 싶다.

뼈 안의 그리움

당신은 바다 건너
그 해변에서 손 흔들고
진한 웃음 푸르게 흔들고
나는 이편 바닷가 모래 땅
신발 벗은 채 서 있네

해독이 어려운 문자들이
까마귀 발가락처럼
가득 내 가방 속에 들어 있네

나도 모르게 내 안에서
태를 자르고
바지랑대 끝 나뭇가지에서
쑥쑥 자라온 것들,
푸르른 이삭들이 바람에 나풀거리네

텅 빈 내가 웃고 있네
너는 가득하네

가득한 당신의 품에서
차오르는 시냇가
어제의 이끼 낀 자물쇠가 웃으며

손을 내미네.

장미꽃 속에 숨은 시간

내 속에 깃들어 있는
너를 기다린다

조금 전 하늘에서는
네 살점 뚝뚝 뜯어내듯 함박눈이 쏟아졌다

지금 뜬금없이 네가 가버린 저녁 하늘
저편 어딘가에는
붉은 장미꽃의 잔치가 한창일 것이다

흰 복사꽃 등불이 꺼진 이편 하늘이
누군가를 위해 앓고 있다.
한평생 말 못하는 벙어리의 가슴
저랬을까,
배달부가 미처 끝내지 못한
내 우편함 속에서
너를 기다리는

장미꽃 하나

장미꽃 속에 숨은 시간이
가시 기둥을 만들어 가지런히 꽂혀 있다.

틈이 보일 때

너와 나 사이에
틈이 보일 때

비로소 보이기 시작하누나
사물들의 얼굴 보이기 시작하누나

찬 겨울 지나야 꽃이 피는 이유
바람이 불 때
지부지기나무가 힘을 얻어
몸을 흔드는 이유

뜨거운 햇살이 균열을 가려주는 이유

너와 나 사이에
틈이 보일 때

멀찍이 바라봐야만
비로소 보이기 시작하는

제2부 맨발로 쓰는 시

여자는 풀밭에 누워 있다

지금 여자는 풀밭에 누워 있다
그늘처럼 길게

비단벌레 한 마리
나비가 되려고 꿈틀거리고 있다

햇빛 아래
바람이 익은 풀잎 안에서

여자는 스스로 몸을 칼날로 가른다

풀빛과 풀빛 사이
청동색 나비 한 마리
피어오른다.

그믐달과 열쇠

창가에서 무릎 모아 고통을
음미하네
어제 밤늦게 나온
간물 때 바다의 섬 같은
그믐달이 손을 내미네

그믐달 속에 고향이 보이네
빛바랜 진달래도 아른거리네
저만치 골목길 길게 돌아서
단발머리 소녀 하나 나풀나풀 뛰며 오네
호롱불 같은 별들도 보이네
어딘가에서 졸졸 흐르는 산골 물
유년의 발 씻는 샘물 소리
내 무릎의 상처 씻어주네

어제까지 뾰족하고 모난 엠파이어 탑
둥그스름한 어머니의 젖가슴이구나

벽돌 숲 그늘진 골짝마다

파란 풀잎들이 머리 들고 있다

고통이 배시시 웃으며
새의 눈망울 같은
열쇠 하나 골라 살포시 내 손에
건넨다.

아들의 골수

2009년 마지막 날
마음 허공을 떠돌다
이것도 저것도 아닌 때
시를 든다
내 속에 알곡 하나 빛나기를

간밤 헛구역질하며
뱃속에 아기를 키우느라
몸부림친 젊은 임부처럼
피 토하며 똬리 트는 화사
저주의 팽팽한 꼬리
휘저어 허공으로 사라진다

내 아이는 새롭게 태어날 제2의 인생을
골수에 푸른 하늘의 빗물을
가득 채우고, 엄마 나 배고파,
세상에 없는 밥 한술, 아이야,
어미는 짜부러진 젖통에서 짜내는

배냇 젖줄 콸콸 먹이고
눈물 가득 하늘 게운다

엄마는 너를 두고 슬퍼야
아이야, 온 세상 메아리치는
새소리 들리는 거야.

심리학 교실

너를 보니 알 것 같다
어디서 신발 끈이 떨어져 나갔는가를

너를 보니 알 것 같다
사람 많은 환한 거리 왜 그리 추웠는가를
가만히 있어도
전쟁은 언제나 일어나고
캄캄한 먹구름 천둥을 쳤는가를

너를 보니 알 것 같다
속 깊이 차곡차곡 쌓인
붉은 벽돌의 소리 없는 아우성
이끼 낀 벽들이
와장창, 허물어져 내리는 소리가
산맥보다 더 견고한
웃음으로

가만 피어 있는가를.

폭풍의 중심

고요한 삶이 어떤 것인지
어떻게 살아야
고요한 삶인지

새에게 물어보고
꽃에게 물어보라

물결 하나 일지 않는 호수에게
두꺼운 얼음장 밑 강물에게
정말 고요한 것
이 땅에 있기나 하는지

밤 깊은 산비탈 오두막집
홀로 불심지 돋우며 기도하는 사람에게
그 사람의 마음속에
깃든 고요에게

사람의 숨결만 한 고요가 있느냐고

모래가 된 별

TV 뉴스 시간 사막 한복판
검은 옷 입은 여인 피 강물에 누워 있네요
까만 히잡(hijab) 하얀 이마 햇살 타고
옆구리에는 검붉은 아이 손짓 발짓,
찢어진 깃발 같네요,
바다 건너 파도 타고 오는
그의 울음
난 아이와 여자 사이에서
아이의 울음 되고
여인의 신음소리 되고……
내 안에서 칼춤을 추는
여인의 신음소리
둥, 둥, 아이의 울음소리

검붉은 모랫바닥
여자와 아이와 함께 우는
수많은 유성들 피의 울음소리,

더욱더 가늘게 떠는

내 부끄러운 울음 한 자락……

시

찢어진 옷깃 사이 피 묻은
살[肉] 너덜너덜 내비치며
나를 찾아왔는가.
삐걱거리는 문 밖에서
동동거리는 네 발소리는 점점 다급해지고,
칠흑 같은 시간, 너와 동행하여

지쳐버린 열흘 굶은 몸 추스르다가,
얼른 소리를 찾아간다.

네 피 묻은 손이 피워내는
색과 향의 그늘,
별처럼 차갑고 아득한 눈동자……

고통이여
너를 안는다

고통이 녹아져

흔적도 없이 사라진다

내 안에서.

나팔꽃 향수

사립문 닫힌 시골 외할머니 집 나팔꽃
넝쿨에 아슬아슬 매달려
깊은 잠에 빠져 있다

아침 햇살이 등을 흔들어 깨운다
사르르 눈뜨는 나팔꽃
푸른 초롱불

담장에 걸린 송이송이 초롱불
외할머니 하얀 버선코가
기지개를 켠다

동박새 울음 울어
착한 영혼들 잠을 깨운다

맨발로 쓰는 시

바닷가 모래밭
따개비 한 마리가
소풍을 나왔다

딱딱한 껍질 밖으로 내민
연붉은 혀
내 발등을 핥는다

참 수줍다!

따개비
따개비

내 발등 위에 시를 쓴다

가슴 열어 놓고 보면

가슴을 활짝 열어 놓고 보는
세상, 그때 세상도
너를 향해 속가슴 열고
함박꽃웃음 피우리라

그때 닫혀 있던 세상의 문들이
모처럼 답답하던 숨 훌훌 내쉬며
기지개를 펴고
즐거운 몸짓을 하리라

속만 타던 문들도
화들짝 열리고
너를 향한 원망까지 아무렇지 않게
던져버리고

아, 그때 세상에는

어둔 곳에서만 피는 꽃들이

시도 때도 없이 웃음을 터뜨리리라

꽃대 깊숙이 숨죽여
꿀물을 빨던 애벌레도
활개를 활짝 펴리라.

우주 횡단

하얀 백지를 앞에 두고
권총처럼 편하게 펜을 잡고*
우주 횡단을 시작한다

5피트 6인치 안에 갇혀 있는 우주
내 살아온 경험과 기억의 집합체로 충분한지
지난 밤 나 충분한 꿈을 꾸었는지
내가 나고 자란 팔천만 개의 우주
죽어도 모를 꿈꾸듯 흐르는
우주 밖의 우주
연초록빛 아이들의 동그란 눈동자들

꿈꾸는 미지의 세계와
가난한 사막 나라의 닫힌 문들이
빼곡 열려 있다

내가 알아듣지 못하는 방언의
금테 두른 팔 하나

장미꽃 한 송이 속에 깃든 우주의 원자와
내 속에 것과 다른 게 무얼까…….

---

* 권총처럼 편하게 : snug as a gun. Seamus Heaney의 「Digging」에서.

여기에도

여기에도 비가 오고 눈이 왔다
눈이 오고 비가 왔다

새가 울고 꽃 피고
사람들 웃었다 악수했다
이야기했다 노래했다
행복하고 불행했다

사람들 이별하고 미워하고 웃었다
꿈을 꾸었다 절망했다 사랑했다
배고프면 빵을 사고 푸줏간 고기를 샀다
잠이 오면 침대에서 잠이 들고

너를 잡으려고, 너 하나 잡으려고
성 베드로 성당 99층을 오르듯
사람들 구천구백만 개 은하수를 올랐다

너를 향해, 너를 향해

자벌레의 모티브

브로드웨이와 32가 사이 작은 공원
벤치에 앉아
무심코 바닥을 내려다보는데
자벌레 한 마리
허리를 구부렸다 폈다
느릿느릿
제 몸 하나 살리려는
결사의 율동일까

자벌레의 박자를 따라
발을 맞춘다
작디작은 몸짓을 따라
고개를 끄덕인다

시끄러운 세상의 질서가
느릿느릿
구부렸다 폈다

물, 하고 말했을 때

지금 우리는 시원한 물 한 컵 놓고
마주보고 있다
그 흔한 물, 그러나 물, 하고 말하자,
뱀 허리 비틀고
모래밭 건너가는 긴 그늘
네 눈 속에는 꽃망울 터지고
가을이 열리고
겨울이 열린다.

내가 물, 하고 다시 말하자
넌 흠칫, 놀란다
나도 놀란다
내 입에서 나온 낯선 방언
네 등 뒤엔 아득한 바다

너는 백인이다 흑인이다 그리고 스페니시 아라비안
설령 네가 까만 머리 노란 피부를 가졌다 해도
우리는 얼마나 다른가

우리는 속에 짐승 하나씩 끌어안고
물, 하고 웃으며 말한다.

물의 길

가는 길이 보이는 것은
자유보다도 행복보다도 아름다운 눈물이다

울음 강 안개 젖어 희미하게 돌아가는
저 모퉁이 길, 내 가슴에서 네게로 가는 길

지금 누가 아무것 보이지 않고
아무 기별 없다고 내 귀에 대고 유혹을 하는가

새벽 이슬에 젖어 네가 건네준
배추꽃의 향기
미치도록 몸 부비는
굶주린 짐승들의 신음소리도
강물이 되어가는,
천천히, 급살에도 느릿느릿하게 뛰어내리는
물의 길

네게로 가는 돌밭엔

피 묻은 가시 불쑥불쑥 튀어나와
내 손발 찌르지만
언제나 쉽게 내 곁에 있는
네게로 가는 길,
은방울 반짝이며
내 안에 있는 네게로,

눈물의 지우개

한국 사람이 하는
찻집 창가에 앉아
한국 사람이 만든 빵과
커피를 마시며

지나가는 사람들을 보며
자꾸만 어디로 가고 있는
저들을 보며

공연히 눈물에 젖으며
손 내밀지 못하는 나란 존재를
불쌍히 생각하며
내가 가엾고
저들이 가엾고
어쩌다 잘못 그어진
아이들 그림 연습지 같은
경계를 생각하며

눈물의 지우개를
눈물은 인간이 누리는
최고의 선물이라
생각하며

눈물보다
진한
죄 없는 사람을 생각하며.

아무것도 아니어서 좋은

나는 거울이네
밑바닥 환한 거울이네
풀잎처럼 숨쉬는
잔돌, 몇 천 년 삭다 남은 밥찌꺼기들
바람 불어와도 떠나지 않고
푸른 솜 달린 이끼
저 바깥세상 사람들 버린 것들
그것들을 견디지 못해 체한 사상과
감성의 찌꺼기들도
내 속에서 천년을 기다리고
꿈꾸는 벌레들과
모든 추한 것들 모든 슬프고 아름다운 것들
볼 비비는 그런 거울이네
아무것도 아니면서
아무것도 아니어서 좋은 모든 것이 되어
나는 텅 빈 벽공
우주 저편에서 올 누군가를
가만히 기다리네

제3부 꽃잎 하나에도

환한 날

키세나 브로바트(Kissena Blvd.) 거리에는
플라스틱 장바구니에
울긋불긋 웃음 반, 울음 반, 희망 한 조각
담아 넣고
남미와 중국, 인도 여인들
앞서거니 뒤서거니 걸어오고 있다

그 길을 꽃망울 나뭇가지 흔들며
네가 걸어온다

4월
환한 날

길을 가다가

길을 가다가
새 울음소리 듣는다
언제나 들어온 그 소리가
그렇게 당돌할 수 없네
긴 고요를 찢고 들려오는 소리는
고고하고 고혹적인 것이,

나는 뒤돌아서서 한참 동안
새 울음소리 귀에 담네

내 귀가 어둡고 쉽지 않아
내 인생을 반주하듯 들리는 소리

저 말고는 아무도 흉내낼 수 없는 소리가
철망에 묶인 나지막한 관목 나무에서
내일, 또 내일…… 마치 관목이 제 몸 흔드는
뼈마디 소리같이

그러나 어디서 울든 새의 울음은
새 울음이다

작은 것이 귀와 눈을 환하게 한다.

거울 앞에서

내가 앞에 서자 거울이 웃었다
거울이 말하기 시작했다
저편 언덕에서 네가 말하기 시작했다
내가 내 안에 있으면 영 보이지 않는 것들
나를 잃어버린 내가 거울 앞에 서서
나를 본다
나 같은 얼굴 어릿어릿 나타나는 것 같다

내 등 뒤의 몇 개의 거울 안에는
수천 개의 폐가들이 줄지어 서 있다
누가 살던 집이었을까
한때는 행복한 화자들
아름다웠으리라

비우고 비운 모습들이
꽃잎처럼 채워지는 그것들이
지워지고
쓰러지기 위해

아니, 또 일어서기 위해
나는 네 앞에 부끄러움으로 서서

아카시아 꽃나무 같은 것이
아른거린다
먼 미래와 먼 시작인
네 등 뒤에서…….

하얀 날개

메인 스트리트를 걷는다
은유로만 퍼붓던 빗방울이
잠시 붉은 실비가 되어 흩날리다 사라진다
롱아일랜드 시끌벅적한 철롯길
떠돌던 빗방울이
내 발 앞에 와서 뱅그르르 뒹군다
성긴 가로수 잎들이
복합색 피부의 얼굴과 머리 위에
포물선을 그리며 떨어진다

이상타!
누가 흘린 말,
새 한 마리
엿듣는지 날개 접은 채 꼼짝 않고 있다

아무 두려움 없이

한순간의 묘사

내 발바닥 밑에서
자갈돌들이 아프다 한다

바람이 살짝 지나가는
꽃나무 가지들이 허리를 흔들며
바람에게 무언가 속살거린다

애벌레 하나가
작은 잎사귀에 매달려
하늘을 향해 허리를 편다

이제 막 하늘이
봄나들이로 내보낸
날빛 몇 줌이
뒤늦을세라 광음보다 더 빠르게
내 눈 안으로 들어온다

물이, 한 방울의 물방울이,

공해

공해 없는 애틀랜타
개 한 마리도 얼씬하지 않는 주택가
삶이 휴가 간 앞집과 뒷집 사이
심심한 빨랫줄 하나 걸려 있다

뉴욕 거리 이곳저곳 쏘다니느라
때 묻고 너절해진 걸레 같은 바람이
브로드웨이 쓰레기통을 기웃거린다
읽다 만 TIME志가 히죽,
웃음을 보낸다

먹다 던져버린 햄버거
엇갈린 랑데부도 부서진 꿈도
게으른 홈리스의 낮잠도
지하철 남미 기타 악사들
자가란다 꽃잎 같은 노랫소리도
어릿어릿 보인다

애틀랜타 심심한 빨래줄
울긋불긋한 윗도리, 구멍 난 어른 아이들의 바지들
뒤축 삐뚜름한 나이키 운동화
실밥 터진 구두가 스스로 바람 만들어
희희낙락이다

허드슨 강변 갈매기 울음소리에
내 귀가 활짝 열린다.

환영

눈이 오는 들판에 서 있다
흰 벽이 버티고 서서
나와 세상, 나와 추억 사이를 가로막는다

지구가 돌아가는 요란한 소리
잠시 멎고
겨울새 한 마리
가시꽃나무 끝에 앉아
피를 뚝, 뚝, 흘린다

하얀 눈송이 같은 어린 영혼
아직 만나지 못한 아픔과
아직 짓지 않은 죄를 위해
흐느끼고 있다

한 번도 가보지 않는 길이
희미하게 손을 흔든다.

푸른 파 여자 1

푸른 파가 걸어온다

눈치 보던 욕심, 길가 리사이클 쓰레기통에
던져버리고, 학 같은 다리 보름달 휘영청
걸어온다, 심장과 허리 다리 위태위태해도
당돌한

겹겹이 속 비어서
겹겹이 차곡차곡 넘실거리는

지구보다 가볍고
지구보다 가득 찬 여자

푸른 파 여자 2

길쭉한 여자 하나 걸어온다

햇빛보다 더 새하얀 여자
머리에는 흰 파뿌리
치렁치렁 하늘에 뿌리내리며
허리 반듯 걸어온다
고향의 텃밭에서 날라 온
속과 겉 조금도 다름없는
여자는 무명실 불심지 같다
떼 몰려오는 중국인들 사이
미소로 밟는다
환하게 웃는다

어제는 공원 빈터
잘려진 고목 위에 앉아 꼼짝 않는

갈매기 세 마리에 눈물이 났다
늦게 온 차이니즈 뭉쳐진 어깨 살

밀려나 코리아 영토 세우는
롱아일랜드
놀라워라
푸른 파 여자의 이쪽 나라

40년 키 자란
푸른 파 여자
토실하고 둥근 허리
나비 떼들 부시다.

푸른 파 여자 3

쪽빛 하늘
쪽빛 구름 자글자글 끓다가
모시실 빗줄기 긋는다
푸른 파 여자 치렁치렁 하얀 머리 위에,
그 여자의 하얀 허리를 안고
그 여자의 하얀 꿈을 안고
허벅지와 다리를 흐르다가
보이지 않는 발이 젖고, 여자는 나래가 없다
여자는 귀도 없다 눈도 없다 팔도
없다 손도 없다 온 몸이 귀다 눈이다
팔이다 손이다 나래다 여자는

자기의 몸 자르고 저며
송두리째 세상의 양념이 되는
당당한
여자

벽

질경이꽃, 맨드라미꽃, 분꽃, 채송화, 별꽃
미처 가슴 열고 사랑한다
말하기도 전에
검게 멍든 전쟁고아의 눈빛 같은
한나절 시드는 꽃
십대 소녀 탯줄도 끊지 않고 버린
쓰레기통의 사생아
먹다 남은 대중식당 음식들 벌레가 되어
꿈틀거리고,
패전의 무서운 잔해 같은 화약 냄새
길 잃은 쇠기러기 똥냄새
기계에서 쏟아내는 오염된 바람과 바람과
세상 모든 경계점의 슬픈 소문들
나를 슬프게 하는
사람 사이 잘못된 언어의 맞춤법

벌레들과 천사들

벌레들의 바다
끝이 없네
날지도 못하고 꿈틀거리기만 하여
징그러워야 할 것들이
불쌍하다고
서로 다른 표정으로 길고 긴 꿈을 꾼다고
누가 속삭이는데

부신 갑옷 입은 꽃잎들은
일렬종대로 서서
희망의 깃발 흔들며 앞으로 나가고 있는데

꽃도 벌레도 되지 못한 나를 두고
굼벵이들은 햇빛 아래
캄캄한 예복을 입고 사라지는데

꽃의 끝없는 행렬에 선 천사들은
저 너머 땅으로 갔다가 돌아오고 있다

뜨거운 열사에 굶주려 죽은 아이들과
캄캄한 장막(帳幕)의 여인들을
위해

밤은 왜 울지?

울음소리 들려온다
창밖의 길거리 늦은 시간
어느 어미 잃은 새가 울고 있는지,
언젠가 오래전 새벽 2시쯤
찢어진 치마폭 부둥켜안고
슬픔이 오라지도록 절망하며
울어대던 동포 아가씨
그는 지금 어디서 무엇이 되어 있을까

창틈에 귀를 붙이고
알아들을 수 없는 어느 방언 같은
울음소리에 귀를 기울인다
심장에 총알이 박힌 어린 새의 울음
먼 유년의 산골짝 물소리 같다

하늘을 쳐다본다
별은 보이지 않는다, 언제나처럼
별은 왜 없어졌을까

끝없는 밤이 우는 것 같다.

슬픔과 기쁨

착각이었다
슬픔이 거리를 낙엽처럼 휘몰아치며
시위를 한 후

지나온 발자취마다 기쁨이
오뉴월 수풀처럼 뒤따르리란 것은

조각배 하나 없는 큰 강을 앞에 두고
강 너머 언덕에 빛나는
풀물이 든 무지개에 가린
체념도 아닌
아직 끝나지 않는
저녁의 언저리

강물을 반도 가지 못하고
이쪽에서 바라만 보는
촌스러움

우수수 가랑잎에 떨어지는
빗물처럼
상념에 얹힌 푸른 초롱은
불그레하게 뒷걸음치고

그대는 조팝나무 이파리의
마지막 슬픔의 때때옷을 위해
기쁨 하나 짜려 하는지…….

꽃잎 하나에도

꽃잎 하나에도
손끝이 쉽게 닿을 수 없는
비굴함이
너의 진실에 움츠려들게 하고

풀 이슬 같은
너를 향한 내 사랑의
작은 노래의 끝맺음 하나에도
네 미소 한 점으로야 가능하다

사랑이란 그리움이란 말이
온 세상의 모든 말들을
덮고도 남은 때가 있었지

철학이 없는 새도
현자 같은 역사가 홀로 걸어온
적막의 골짝을 더듬으며 노래할 수 있다고
믿었던 때

진실로 누군가를 미워하거나
한 번도 뜨겁게 사랑해보지 못한
내 미지근한 중립지대의 삶을
돌이켜보는 난 정말 어리석은
천치였을까

지금 나는
내 안에 우는 새소리의
깊은 음표에 귀를 기울인다.

경계선에서

나는
없고

너만이
있다

봄이 오는
날

네가
스러지자

수평선 하나
길게

새벽과
밤을
안고 온다

제4부 꽃이 모국어로 말한다

꽃이 피는 순간

새의 꼬랑지보다 가벼운 말(言)들이
늘 문제다

말끔하게 목욕을 한 말들이
일렬종대로 서서
누군가의 명령을 기다리고 있다

전쟁이다
쉬지 않고 전쟁은 일어나고 있다

연인 사이에도 서로를 향해
전쟁은 늘 있다

봄 가을 겨울 여름

꽃이 필 때
꽃이 필 때 더 큰 전쟁이 있었다

꿀벌

호박꽃 둘레를 빙빙 도는
꿀벌의 날갯짓이
바쁘다, 정신이 없다

꽃 심(心)으로 내려앉는
꿀벌 한 마리

천년이 지난 후
분명코
오늘 같은
천년이 지난 후

꽃 신(身)으로 내려앉을
내 사랑
그대

바람이 불면, 꽃은

바람이 불면
온 몸을 떠는 꽃의 이유 알 것 같다
바람이 가고 나면 꽃은
바람이 지나간 흔적에 몸을 기대고

보이지 않는 빛깔
들리지 않는 소리까지
바람의 침묵까지
남김없이 온 몸으로 말하려 한다

두근거리는 가슴으로 나를 바라본다
나를 붙드는 너의 손으로
내 존재의 바다에 불을 지피는
너여

마천루 너머 초승달이
더듬거리는 푸른 말로
지상의 캄캄한 가슴들을 어루만진다.

꽃이 모국어로 말한다

새벽빛 푸르스름한 계곡을
정처 없이 갔네

쳇바퀴 돌아가는 언어의 복합지대
눈치 빠른 사람들 안 보이는
억지로 이방언어로 꿰맞춘 이름표
가슴에 달고
모국어로 시를 써야 속 시원한 시인은
돌배나무 가로수 길 지나
집으로 돌아와
모국어여 시(詩)여 소리치네

아득한 그때 서울 을지로 3가
단성사 앞 떠나보낸
동박새
지금 창밖의 떡갈나무 가지에서
눈 말똥거리며 생각이 깊은 듯

내가 하지 못한 말
꽃이 모국어로 말하네.

사랑하는 것의 이유

느닷없이 독화살이 날아와
가장 여린 살에 박혀도
그것이 세상없는 아름다운 언질이
되는 거 무얼까

사랑하여
날마다 만나는
바람과 햇빛
창밖 나무의 푸르름 한 사발이
오늘 내 넘치는 양식이 되는 거
나는 너를 향해 손을 흔들고
이런 세상 참 아름답다

할 수 있는 거

내 속을 다 비운 후에야
되새김질하는 사랑하는 것아

잘못 먹은 음식 죄 토해내듯
언제 들어와 꽉 찬
보이지 않는 것들
통곡하듯 토해내는 사람

평생에 단 한 번이나 그런 은밀한
시간 가져보지 않는
고목 같은 사람도

그렇게 사랑하여
세상을 보는 것

꽃과 새

멀리 혼자 별공에
겨울 한쪽 모퉁이 손바닥만 한
흙 한 줌 빌려 앉았네요

새가 날아가고
꽃이 피고
시냇물이 흘러가고
조약돌이 바위가 되고
바위가 구름이 되고

사람이 꽃이 되고
꽃이 새가 되고
새가 바람이 되고

나는 무엇이 될까

새가 아니어도
꽃이 아니어도 즐거운 어느 이민자의 아침

별에서 온 편지

너에게 메일을 보낸다
별 하나 뚜욱, 눈물 떨어트리고
바람에 찢긴 성에가
유리창에 가만 피어 있다

유성 하나가 걸어온 길들이
내 몸의 세포 안에서 꿈을 꾸듯
반짝인다
춘하추동 눈사태가 난 사계절
휘파람 불며 희망을 노래하던
산 오름은 행복한 유혹의 길이었다

남 몰래 피어 수줍어하는 꽃다발
뚜우, 뚜우, 휘파람소리 듣는다

나풀나풀 나비 몇 소절
꽃다발 한 뭉치로 묶어 네게 보낸
행복한 날

너는 내 곁에서

손가락 하나쯤
살짝 잘려나가면
할 수 있는 일이겠지
내 속에서 누가 눈치 준다
그러나 그는 모른다
어제까지 보이던 길이
갑작스런 먹구름에 가려
앞도 뒤도 보이지 않는
그런 일도 있다는 것

자꾸만 보채는 새장 속의 카나리아
나는 또 잊어버린 우정 같은 그 일을
떠올린다

해마다 어김없이 피어나는
봄꽃들도 겨우내 땅속에서
봄을 기다리는 아픔 즐겁게
키운다는 것

해명하라, 너를 보낸
겨울 찬 날
내 안의 열매 하나
단단해지고 더 은은해질 수 있음을
알았다

꽃의 길

그대여 나의 나이를 물어보아라
꽃이 말해줄 것이다

가로수 그림자 어른거리는
고통의 끝까지 따라가 보면
화려하게 꽃이 피는 이유도
고통에 길들여진 내 나이도 알리

거기 우정 한 줌 하늘처럼
반갑게 그대를 기다리고 있으리
설령 가을나무가 봄날의 화려한
옷을 입었다 해도

그 옷자락 뚝뚝 떠나고 나면
진작 목화꽃 겨울이 그대를 위해
조각 이불 펼쳐 놓고 오래 기다리고
있음도 알리

그러나,
바다의 깊은 우울의 살갗을
만지는 자야, 너의 손끝에서
바다는 진작 꽃이었으리

바다는 애당초
네 언어의 꽃씨였으리.

꽃이 배가 고플 때

꽃이 배가 부르면
정신은 처참하게 죽고
짐승만이 남네
배가 부를 땐 세상도
무의미한 가면을 쓰고 있네
순수도 보이지 않네
사랑하는 사람의 눈 속으로
파고들던 그리움도
행복의 빛깔도 보이지 않네

내가 추우면 그대의 손
따뜻하다

태양이 어둠을 뚫고 꽃들을
빛의 보자기로 감싸는 것은
꽃들이 추운 허기 탓이다

새들이여 배가 고파 보아라

하늘이 푸를 것이다

봄이 오기 전
꽃들은 배가 고프다
배가 고픈 것들이
지렇게 바람에 흔들리네

허기진 태양이
빛의 물살로 내려와
꽃의 색채를 얼른 마무리 짓는다.

낮게 앉은 욕망

사람과 짐승의 발밑에 바스러진
모래, 향내 나는 바람
길가의 잡초, 돌아선 그믐달

책들과 시집들에게
내 첫 시와 마지막 시에게
내 푸른 숨결, 내 발에게 손에게
내가 떠나기를 원치 않는
그대
눈물에게
웃음에게
아, 아침에 빛나는 이슬방울 하나
길모퉁이 쓸쓸한 그대, 찢어진 신문조각
추운 날 자글자글 찌게국물 끓는 소리
누군가 가만히 와 어깨 위에 얹는 손
세상 어딘가에서 집으로 가는 길

잃은 사람, 갈 곳 없어 브로드웨이 저녁 한복판에

고개 숙여 서 있는 그 사람

채워지지 않는 절망, 작은 희망에게
낮게 앉은 욕망에게,
초겨울 날의 꽃밭, 나무의 빈 마음
색깔 없는 색깔
소리 없는 소리

어둠에게
빛에게

육체 꽃

그렇게 길러도
마르지 않는 강이 있었는데
퍼내어도 줄지 않는
강물이 하나 있었는데

내 마지막 날
깊은 산골짝에 핀 백합의 손 붙잡고
사람으로 태어난 눈부신 고독
차가운 유리창에 피어나는
육체 꽃

빛보다 낮은 자리
부서진 내 몸의 먼지들이
곱고 향기로운 제 모습으로
피어날 때까지

그렇게 울어도 마르지 않는
강이 있었는데

그토록 퍼내어도 끝나지 않는
강물 하나 있었는데

가족사진첩

감기가 든 날 뒤뜰 꽃밭에 앉아 사진첩을 본다

아이들을 앞에 두고 찍은 사진들
반달곰, 플라스틱 블록
오색의 딱딱한 차들,
모래사장과 언덕을 끼고 돌아가는
긴 기찻길의 꿈, 농장과 동물원
낚싯줄에 걸린 수영복

꽃과 나무들 사이 햇빛과 웃음과
분홍빛 참을성과
연둣빛 레슬링 꿈과
아이들의 조국

묶어놓고 싶은 세월의 걸음과
아이들이 자라는 아픔과 방황은 놓치고
햇빛에 찡그린 얼굴들
웃음밖에 넣지 못한 셔터의 실수까지

저 꽃들이 다 알고 있으리라

코리아타운

그때
맨해튼 하늘에서는 대나무 울음소리가 났지
대나무 마디를 타고 올라가는
푸른빛의 찰랑거림
가만히 귀 기울여보면
할아버지 도포자락에서 새어나오는
기침소리 들려오고

그 기침소리 유별나
대나무 뿌리 내린 브로드웨이 32가
코리안 상가 뒤쪽 흰돌배나무 꽃들은
무성히 피었지

그날 내가 들은 대나무 울음소리는
세상에는 없는 방언
휴전선 너머
먼 길을 쩔룩이며 걸어온
할아버지, 당신의 푸른 기침소리였지

푸른 대나무 숲
쩌렁쩌렁 울리던 그 바람소리였지

4월, 그 슬픔의 자화상, VT*

슬픔의 질긴 쇠줄 송곳이
천 갈래 만 갈래로
갓 피어난 안개꽃 위에 내려와 있다

마음 놓고 볼 수 없는
실낱같은 나뭇가지 몇 겹의 상처 자리에는
한 번 더 뜨거운 화농이 퍼붓는다

고의로 떨어트린 물감 같다
나뭇가지 사이에는 바람이
울고 간다
바람이 돌아와
또 운다, 또 울고 간다
다시 돌아와 머뭇거린다
머뭇거리면서 오래 오래 거기 있다

번지는 화농의 짜고 시큰거리는
손, 오래토록 뻗어 봄을 어루만진다

사랑의 흔적 되살아난다
초록빛 짓밟힌 나비벌레 한 마리
몸 틀고 일어나 땅 밑에서

4월의 푸른 초근이 되는지,

---

* 한 외로운 교포 학생에 의해 버지니아 택의 33명의 젊은이들을 앗아간 총소리. 그 후 미주 교포사회는 멀티 문화에서 성장하는 청소년들을 위한 교육적 · 문화적 운동이 구석구석 퍼져나갔다. 그러나 시인의 눈과 귀는 보이고 들리는 것보다 보이지 않는 순수와 열정에 바쳐진다. 그것이 4월의 초근이 되어 아름다운 나무가 될 것이라 믿는다.

살아있는 것들의 빛깔

삶의 추가 자유의 빛깔보다 더
무거운 때 살아있는 것들의 그늘은
어떨까 생각해본다

그 그늘이 그립다

소리들에 몸을 감춘 그늘의
젖은 빛깔로 나는 지금 세상을 본다

눈물에 어린 눈동자가 바라보는
세상은 너무나 멀다
너무나 멀어 내가 아득해진다

아득한 내가 소리 하나 고물고물 만든다
만들다가 허물어진다
이때 벌레는 아름다운 생명의 색채일 터
자유의 문 허물어지고,
자유의 흔적 사라진 때

또 새롭게 첫걸음을 떼어야 한다고
어디선가
눈물 한 방울 그릉그릉, 하며 온다

깃동잠자리

오해여도 좋았다, 그 길
언제나 그대
내 곁에 있었으므로

발목 상한 카나리아를 안고
별을 보며
나 벗은 몸
가시에 찔려도

모두 주었으므로 행복했다

겨울 시린 발끝에도
복사꽃 만발하고
별에서는
끊임없이 종소리 울렸다

그때 시냇가 깃동잠자리 떼
나직하게 날았다.

해설

시인—울음소리를 듣고 웃음소리를 내는 자

이승하 시인 · 중앙대 교수

물론, 시를 쓰는 사람을 시인라고 부른다. 그런데 작곡가 · 화가 · 소설가 · 건축가 · 방송작가 등 어느 분야의 전문가를 가리키는 '家'를 붙여주지 않고, 변호사 · 간호사 · 운전사 · 바둑기사처럼 달인에 가깝다고 '士'를 붙이지 않고 '人'을 붙였던 것일까? 아마도 시인은 보통사람들보다 더욱 인간적인 사람이기에 '詩人'이라고 일컬었던 것이 아닐까. 인간을 뜻하는 '휴먼'을 어원으로 하는 휴머니즘은 인문주의나 인도주의로 번역이 되고, 인본주의와도 먼 거리에 있지 않다. 인간의, 인간을 위한, 인간에 의한 문학을 하는 사람이기에 먼 옛날 중국인들은 시를 쓰는 이들을 가리켜 시인이라고 불렀던 것이 아닐까, 생각해본다.

2천 년 전에도 시가 있었다. 지금부터 1,700년 전, 중국 진나라의 진수가 쓴 역사책 『삼국지 위지 동이전』에는 까마득한 옛날 우리 조상이 어떻게 살았는지 잘 설명되어 있다. 부여의 영고, 동예의 무천, 고구려의 동맹, 마한의 오월제 · 시월제 등은 제천의식에 붙여진 이름이다. 농사를 시작하고 수확할 때 종교적 의식이 음주가무와 함께 행해진 것은 당연한 일이었다. 제천의식 때는 반드시 춤과 노래가 있었으며, 노래는 시가 되었다. 음악과 무용과 시가가 분리되지 않은 원시종합예술은 삼국시대에 들어와 일단 구분이 된다.

「황조가」는 고구려 유리왕 3년(B.C. 17년) 때의 작품으로 『삼국사기』에, 「귀지가」는 가락국 때의 작품으로 『삼국유사』에, 「공무도하가」는 고조선 때의 작품으로 『고금주』에 한시로 적혀 전해지는 작품이다. 원래는 우리말로 불렸으나 우리말 가사는 소실되고 후대에 이를 한문으로 번역한 것이 다행히도 그 유래와 함께 전해지고 있다.

「황조가」는 실연의 슬픔을 담은 노래다. 왕비 송씨가 죽은 후 한꺼번에 맞아들인 두 왕비 화희와 치희는 사이가 좋지 않았다고 한다. 치희는 중국 한나라 사람이었는데 화희의 질투를 참지 못해 왕이 사냥을 나가 있는 동안 고국으로 돌아가 버렸다. 왕은 상심하여 "펄펄 나는 꾀꼬리는 자웅이 노니는데 외로운 이 내 몸은 뉘와 더불어 돌아

갈꼬" 하며 노래를 지어 불렀다.

「귀지가」는 가락국 때(A.D. 42년)의 작품으로, 임금을 맞이하려고 부른 일종의 희망적인 노동요다. "거북아 거북아 머리를 내밀어라, 내밀지 않으면 구워서 먹으리라"는 내용으로, 현전하는 최초의 집단 무요(舞謠)다.

「공무도하가」는 고조선 때, 즉 A.D. 2세기경의 작품이다. 머리가 하얗게 센 미친 남편(白首狂夫)이 술에 취해 강을 건너다 죽는 광경을 보고 그의 아내가 부른 노래 "당신은 물을 건너지 마오. 당신이 물을 건너다가 빠져 죽으면 어쩌자는 말인가"를 들은 이는 뱃사공 곽리자고였다. 이 노래를 곽리자고에게 들은 그의 아내 여옥에 의해 채록되어 후세에 전해진 「공무도하가」는 원시적인 서사문학에서 서정문학으로 옮아가는 시기의 작품이다.

지금까지 전해지고 있는 3편의 고대가요 중 「황조가」가 이별의 아픔을, 「공무도하가」가 사별의 아픔을 노래했다는 것은 시사해주는 바가 있다. 마음이 아프기에 시가 나왔던 것이다. 시인은 마음이 무한정 기쁠 때도 시를 쓰기는 하지만 대개의 경우 마음이 아플 때 시를 쓰게 된다.

아무튼 이런 고대가요에서 출발한 시가(詩歌)는 서구 모더니즘의 세례를 받으면서 '歌'가 떨어져나가고 '詩'가 남은 것인데, 오늘날 많은 시는 감흥이나 감동을 주지 않는다. '感興'이나 '感動'이라는 한자어 속에는 마음 심(心)자가 들어 있다. 마음을 고양시키고 움직이는 것이 시였는데 오늘날의 시는 신기한 것을 추구하거나 암호 풀이 및 미로학습을 시키는 것이 많다. 우리 시가 지금의 위기에서 벗어나기 위해서는 노래정신의 회복과 함께 독자의 마음을 움직이는 시인 본연의 임무와 역할에 충실해야 할 것이다.

재미시인으로서 국내 문단에서 가장 많은 독자를 확보하고 있는 곽상희 시인의 새 시집 원고를 받고 떠오른 생각은 이상하게도 시라는 것 자체, 시인 그 자체였다. 시인은 말솜씨가 뛰어난 달변가가 아니라 인정에 쉽게 좌우되는, 감정이 풍부한 사람이다. 보통사람보다 감수성이 예민하여 소사에 크게 기뻐하고 흉사에 몹시 슬퍼한다. 희로애락에 대한 표시를 몸으로는 잘 못하더라도 글로는 확실히 하는 사람이 바로 시인이다. 유리왕이나 백수광부의 처가 무뚝뚝한 사람이었다면 시를 쓰거나 노래를 부르지 않았을 것이다.

곽상희도 감정이 풍부한 시인임에 틀림없는 것이, 이번에 내는 시집에는 유독 '울음'과 '눈물'과 '웃음'이라는 시어가 많이 나온다. 일단, 시인은 울음소리에 대단히 민감하다.

길을 가다가

새 울음소리 듣는다
언제나 들어온 그 소리가
그렇게 당돌할 수 없네
긴 고요를 찢고 들려오는 소리는
고고하고 고혹적인 것이,

나는 뒤돌아서서 한참 동안
새 울음소리 귀에 담네

—「길을 가다가」 앞 2연

보통사람들은 새가 울면 그러려니 하고 흘러듣는데 시인은 그렇지 않다. "마치 관목이 제 몸 흔드는/뼈마디 소리같이" 새가 아파서 외치는 소리로 듣는다. 그야말로 우는 소리로 듣는 것이다. 유리왕은 꾀꼬리 소리를 암수가 어울려 서로 희롱하며 노는 소리로 들었지만 곽상희 시인은 모든 새소리가 울음소리이다.

허드슨 강변 갈매기 울음소리에
내 귀가 활짝 열린다.

—「공해」 마지막 연

동박새 울음 울어

영혼들 오랜 잠을 깬다

—「나팔꽃 향수」 제4연

지금 나는
내 안에 우는 새소리의
깊은 음표에 귀를 기울인다.

—「꽃잎 하나에도」 마지막 연

세상의 모든 새는 울고 있고, 그 새들이 내는 소리를 듣는 시인의 마음도 울고 있다. 새들이 인간처럼 감격해서 울고, 너무 기뻐 울고, 슬퍼서 울고, 사랑해서 울고, 아파서 울까? 물론 그렇지는 않을 것이다. 언제나 슬퍼하고, 슬퍼서 울지는 않겠지만 시인은 새가 내는 모든 소리를 '울음소리'로 파악한다. 생명 가진 것들의 슬픔을 아주 민감하게 받아들이는 자가 바로 곽상희 시인이다.

한국 사람이 하는
찻집 창가에 앉아
한국 사람이 만든 빵과
커피를 마시며

지나가는 사람들을 보며

자꾸만 어디로 가고 있는
저들을 보며

공연히 눈물에 젖으며
손 내밀지 못하는 나란 존재를
불쌍히 생각하며
내가 가엾고
저들이 가엾고
어쩌다 잘못 그어진
아이들 그림 연습지 같은
경계를 생각하며

—「눈물의 지우개」 앞 3연

화자는 지금 찻집 창가에 앉아 행인을 바라보고 있다. 남녀노소 많은 사람들을 보며 화자는 자기연민을 느낀다. "공연히 눈물에 젖으며/손 내밀지 못하는 나란 존재를 불쌍히 생각하며/내가 가엾고"……라고 하면서. 이것은 '경계', 즉 타인과의 거리감을 자책하는 것이지 자기를 불쌍히 여기는 자기연민이 아니다.

눈물의 지우개를
눈물은 인간이 누리는

최고의 선물이라
생각하며

눈물보다
진한
죄 없는 사람을 생각하며.

―「눈물의 지우개」 뒤 2연

시인이 생각하기에 눈물은 지우개 같은 것이다. 눈물을 흘림으로써 나쁜 기억이나 아픈 기억을 지울 수 있다. 그래서 인간이 누리는 최고의 선물이라고 생각하는 것이다. 마지막 연에서 말한 "눈물보다/진한/죄 없는 사람"은 누구일까? 창밖으로 지나가는 행인들인데, 나름대로 아픔을 갖고 살아가는 장삼이사(張三李四)라고 할 수 있겠다. 나도 이방인이지만 저들도 이방인이고 나도 유한자이지만 저들도 유한자이다. 때가 되면 다 늙고 병들고 죽어갈 존재이다. 「물의 길」이란 시의 첫 문장 "가는 길이 보이는 것은/자유보다도 행복보다도 아름다운 눈물이다"는 문법적으로는 맞지 않지만 생각해볼 여지를 준다. 내가 갈 길이 보이게 된 것이 삶의 최고의 가치로 치는 '자유'나 '행복' 덕분이 아니라 '아름다운 눈물' 덕분이라는 것이니, 눈물을 얼마나 소중히 여기고 있는지 알 수 있다. 시인은 창밖으로 지나가는 행인 같은 막연한 대상이 아니라, 구체적인 어떤 대상의 울음소리를 듣고 눈물짓기도 한다.

TV 뉴스 시간 사막 한복판
검은 옷 입은 여인 피 강물에 누워 있네요
까만 히잡(hijab) 하얀 이마 햇살 타고
옆구리에는 검붉은 아이 손짓 발짓,
찢어진 깃발 같네요,
바다 건너 파도 타고 오는
그의 울음
난 아이와 여자 사이에서
아이의 울음 되고
여인의 신음소리 되고……
내 안에서 칼춤을 추는
여인의 신음소리
둥, 둥, 아이의 울음소리

—「모래가 된 별」 제1연

시인은 텔레비전 뉴스 시간에 놀라운 장면을 본다. 중동의 어느 나라이리라. 여인은 총상을 입고서 피를 흘리고 있고 여인의 옆구리에 앉은 아이는 울음을 터뜨리며 구원을 요청하고 있다. 여인의 신음소리와 아이의 울음소리

사이에서 화자는 다만 구경꾼일 따름이다. 그런데 전장에서 이런 상황에 처한 민간인이 이들뿐이겠는가. "수많은 유성들 피의 울음소리"를 들으며 화자는 가늘게 운다.

검붉은 모랫바닥
여자와 아이와 함께 우는
수많은 유성들 피의 울음소리,

더욱더 가늘게 떠는
내 부끄러운 울음 한 자락……

—「모래가 된 별」 제2, 3연

화면으로 그런 처절한 장면을 보고 화자는 "가늘게 떠는/내 부끄러운 울음 한 자락"밖에 해줄 수 있는 것이 없다. 하지만 바로 이런 마음이 시인의 마음이다. 진정한 휴머니즘의 결과물이 「모래가 된 별」이다. 휴머니즘은 사실 불가에서 말하는 측은지심과 보시, 기독교에서 말하는 '원수도 사랑하라'는 말과 크게 다르지 않다. 불행한 처지에 놓인 사람을 도와주고자 하는 마음은 착한 사마리아인과 지장보살의 마음과 한 치 다를 바 없다. "신문에는 아프가니스탄의/소년 하나가 벗은 채/벌건 들판에 서 있"고, "쉬지 않고 총소리 들려온다"(「찻잔 한 잔」). "너희들은 너무 많고/내 이불은 너무 좁"다. 이불의 의미는 보호막이나 안전장치인데 이불이 너무 좁아 도와줄 방도가 없다. 도와주고 싶은 마음이야 굴뚝같지만 바람에게 떠밀린 낙엽처럼 나는 "이러지도 저러지도 못하고/뱅뱅 돌"며 "지구의 무게 견디려" 홀로 버틴다. 내가 할 수 있는 일이랑 고작 "차디차게 식은/내 미안한 차 한 잔"을 내미는 것이다. 시인은 휴머니즘 정신으로 충만해 있지만 약간의 구호기금을 내놓는 정도로밖에 돕지 못하는 것이 안타깝고, 그 안타까운 마음이 이런 시를 쓰게 했다. 울음의 미학이라고 할 수 있을까, 시인은 다음과 같은 울음의 시를 쓴다.

울음소리 들려온다
창밖의 길거리 늦은 시간
어느 어미 잃은 새가 울고 있는지,
언젠가 오래 전 새벽 2시쯤
찢어진 치마폭 부둥켜안고
슬픔이 오라지도록 절망하며
울어대던 동포 아가씨
그는 지금 어디서 무엇이 되어 있을까

창틈에 귀를 붙이고
알아들을 수 없는 어느 방언 같은

울음소리에 귀를 기울인다
심장에 총알이 박힌 어린 새의 울음
먼 유년의 산골짝 물소리 같다

— 「밤은 왜 울지?」 앞 2연

화자는 깊은 밤에 새의 울음소리인지를 듣고 오래 전 새벽 2시쯤에 "찢어진 치마폭 부둥켜안고/슬픔이 오라지도록 절망하며/울어대던 동포 아가씨"를 떠올린다. 새의 울음소리는 "심장에 총알이 박힌 어린 새의 울음"과 "먼 유년의 산골짝 물소리"를 연상시킨다. 하늘을 쳐다보니 별은 하나도 안 보이는데 울음소리가 또 들리고, 화자는 "끝없는 밤이 우는 것 같다"고 느낀다. 이 세상은 비극적인 일이 끝없이 벌어지는 곳이어서, 시인은 눈물짓지 않을 수 없다. 시집의 제일 마지막 시가 33명의 젊은이들을 저승길 길동무로 삼은 조승희 사건을 다룬 시여서 더욱 의미심장하다.

고의로 떨어트린 물감 같다
나뭇가지 사이에는 바람이
울고 간다
바람이 돌아와
또 운다, 또 울고 간다

다시 돌아와 머뭇거린다

머뭇거리면서 오래 오래 거기 있다

— 「4월, 그 슬픔의 자화상, VT」 제3연

이 시에서 'VT'는 사건이 일어난 현장인 미국 버지니아 폴리테크닉 주립대학교의 두문자이다. 시인은 이 끔찍한 사건을 울음으로 풀어낸다. 바람은 왜 자꾸만 우는가. 바람은 잔잔하다가도 무시무시하게 불고, 또 언제 폭풍우가 있었던 양 잠잠해지기도 한다. 바람도 자꾸 다시 와서 울고, 나도 거듭 눈물을 흘린다. 시인은 교포 학생을 살인마로 내몬 현실이 너무나 안타까운 것이다. 이미 이 세상 사람이 아닌 조승희에게 죄를 물을 수도 없다. 우리 어른의 관심 부재와 사랑 부재가 초래한 현실이라는 생각에 시인은 자신의 가슴을 치면서 33명 젊은이의 넋을 위로한다.

눈물에 어린 눈동자가 바라보는

세상은 너무나 멀다

(……)

어디선가

눈물 한 방울 그렁그렁, 하며 온다

—「살아있는 것들의 빛깔」 부분

이 시에서도 시인의 기본적인 심성에 동정심이 있고, 가련한 것들에 대한 연민의 정이 남다름을 알 수 있다. 혹시, 아래의 시는 시인의 체험담이 아닐까. 살아있는 것들에 대한 연민의 정이 어디에서 연유한 것인지, 약간의 힌트를 제공한 시라고 생각되기에 주목을 요한다.

2009년 마지막 날
마음 허공을 떠돌다
이것도 저것도 아닌 때
시를 든다
내 속에 알곡 하나 빛나기를

간밤 헛구역질하며
뱃속에 아기를 키우느라
몸부림친 젊은 임부처럼
피 토하며 똬리 트는 화사
저주의 팽팽한 꼬리
휘저어 허공으로 사라진다

—「아들의 골수」 전반부

날짜까지 명시되어 있는 것으로 보아 자신의 경우를 시로 쓴 것으로 볼 수도 있겠지만 시는 체험만으로도 상상력만으로도 쓰는 것이 아니기에 다른 사람의 경우(추체험)를 갖고 썼을 수도 있겠다. 아무튼 화자는 2009년 세모에 아들을 백혈병으로 잃는다. 소아백혈병으로 고생하다 죽는 아이들이 세계적으로 엄청나게 많은 사실을 감안하면 아주 일반적인 상황이라고 할 수도 있겠다. 이들 중에는 골수이식으로 소생하는 수도 있지만 이 시의 화자는 아들을 잃는 것 같다.

내 아이는 새롭게 태어날 제2의 인생을
골수에 푸른 하늘의 빗물을
가득 채우고, 엄마 나 배고파,
세상에 없는 밥 한술, 아이야,
어미는 짜부러진 젖통에서 짜내는
배냇 젖줄 콸콸 먹이고
눈물 가득 하늘 게운다

엄마는 너를 두고 슬퍼야
아이야, 온 세상 메아리치는
새소리 들리는 거야.

—「아들의 골수」 후반부

인간이 겪는 고통 중 가장 큰 고통을 자식의 죽음을 눈앞에 두고 지켜봐야 하는 심정이라고 하고, 이를 가리켜 '참척(慘慽)의 고통'이라고 한다. 죽어가는 자식에게 엄마는 젖이라도 마음껏 먹이고 싶어 한다. 그녀는 상상한다. 짜부러진 젖통에서 배냇 젖줄을 '콸콸' 먹이고, 자신은 "눈물 가득 하늘 게운다"는 것을. 아이를 결국 잃고 엄마는 "온 세상 메아리치는/새소리"를 듣는다. 새소리는 인간 세상에서 일어나는 온갖 비극적인 일에 대해 슬퍼하는 천상의 목소리였던 셈이다. 세상에는 슬픔만 있는 것이 아니다. 기쁜 일도 간간이 있기에 우리는 숨을 쉴 수가 있다.

착각이었다
슬픔이
거리를 낙엽처럼 휘몰아치며
시위를 한 후

지나온 발자취마다 기쁨이
오뉴월 수풀처럼 뒤따르리란 것은

—「슬픔과 기쁨」 제1, 2연

그렇다. 슬픔이 휩쓸고 간 뒤에는 그 발자취마다 기쁨이 오뉴월 수풀처럼 일어나리라고, 시인은 희망의 메시지를

전하고 있다. “가만히 있어도/전쟁은 언제나 일어나고/캄캄한 먹구름 천둥을”(「심리학 교실」) 쳤지만, 시인은 그 비극 속에서도 웃음을 찾아내려 애쓰고 있다. “사람들 이별하고 미워하고 웃었다/꿈을 꾸었다 절망했다 사랑했다”(「여기에도」)란 두 행을 보면 이별과 미움 뒤에 웃음을, 절망 뒤에 사랑을 배치하고 있다. 희로애락이라고 하지 않는가, 비극적인 날들을 잘 참고 견뎌내면 활짝 갠 날을 맞이할 수 있는 것이 세상의 이치다. 새옹지마(塞翁之馬)라는 한자성어도 그런 뜻에서 생겨난 것이리라. 시인은 시집 중간 중간에 웃음의 미학을 펼쳐 보인다.

당신은 바다 건너
그 해변에서 손 흔들고
진한 웃음 푸르게 흔들고
나는 이편 바닷가 모래 땅
신발 벗은 채 서 있네

(……)

텅 빈 내가 웃고 있네
너는 가득하네

가득한 당신의 품에서
차오르는 시냇가
어제의 이끼 낀 자물쇠가 웃으며

손을 내미네.

—「뼈 안의 그리움」 부분

그리움은 이별을 전제로 한 것이다. 그런데 뼈 안의 그리움이므로 사별을 전제로 한 것으로 생각해볼 수 있는데, 정작 당신을 그리워하는 나는 웃고 있다. 「공무도하가」와는 완전히 반대되는 상황이다. 뼈 안의 그리움을 갖고 있는 이가 이렇게 웃고 있으니 골계미라고 해야 하나? 하지만 이 시는 골계미를 보여주는 것이 아니라 시간이 많이 흘러갔음에도 불구하고(이끼 낀 자물쇠), 그리움이 조금치도 퇴색되지 않았음을 보여준다. 어느덧 "고통이 배시시 웃으며/새의 눈망울 같은/열쇠 하나 골라 살포시 내 손에/건넨다"(「그믐달과 열쇠」)는 달관의 경지에까지 도달한다. 자신의 귀가 먹는 비극적 상황에서 '환희의 송가'를 작곡한 베토벤의 경우처럼 비극은 차라리 인간을 정화시킨다. 시인은 이렇듯 한편으로는 웃음의 세계를 지향한다.

가슴을 활짝 열어놓고 보는

세상, 그때 세상도
너를 향해 속가슴 열고
함박꽃웃음 피리라

그때 닫혀 있던 세상의 문들이
모처럼 답답하던 숨 훌훌 내쉬며
기지개를 펴고
즐거운 몸짓을 하리라

(……)

어둔 곳에서만 피는 꽃들이
시도 때도 없이 웃음을 터뜨리리라

꽃대 깊숙이 숨죽여
꿀물을 빨던 애벌레도
네 활개를 활짝 펴리라.

—「가슴 열어놓고 보면」 부분

이런 시를 보면 시인은 비관론자가 아니다. 세상의 수많은 비극적 상황에 대해 가슴 아파하면서도 궁극적으로는 희망을 찾아 떠나는 단테 같다. 단테의 순례 여행도 지옥

→연옥→천국의 차례가 아니었던가.

우리는 속에 짐승 하나씩 끌어안고
물, 하고 웃으며 말한다.

—「물, 하고 말했을 때」 마지막 연

햇빛보다 더 새하얀 여자
머리에는 흰 파뿌리
치렁치렁 하늘에 뿌리내리며
허리 반듯 걸어온다
고향의 텃밭에서 날라 온
속과 겉 조금도 다름없는
여자는 무명실 불심지 같다
떼 몰려오는 중국인들 사이
미소로 밟는다
환하게 웃는다

—「푸른 파 여자 2」 제2연

전자는 관념상의 웃음이지만 후자는 생활 속의 웃음이다. 즉, 구체적인 웃음이어서 실감이 더 난다. 아마도 '푸른 파 여자'는 이민 온 지 40년이 된 한국의 여인이 아닌가 싶다. 어느새 할머니가 다 되었지만 사람들을 보면 웃음으로 인사하는 당당함을 보여주어 시인에게는 푸른 파의 이미지로 다가왔나 보다. 나무들도 봄이 오면 "웃음을 터트리며/서로를 향해 팔을 벌리"(「나무들의 옷 갈아입기」)고, 동물이든 식물이든 자식이든 친척이든 "내가 홀로 키운/저 흔한 무엇이라는 것도/동그라미 하나씩 행복처럼/그리며 내 곁에서 웃고 있다"(「너는 내 곁에서」). 그리하여 이제는 "웃음이 패인 주름살까지/내 손바닥의 손금처럼 가깝고 멀게/보인다"(「다른 달」)는 경지에까지 이른다.

하지만 코리아타운에서는 웃음소리보다 울음소리를 더 자주 듣게 된다. 떠나온 조국이 예나 지금이나 분단 상황이기 때문이다.

> 그날 내가 들은 대나무 울음소리는
> 세상에는 없는 방언
> 38선 너머
> 먼 길을 쩔룩이며 걸어온
> 할아버지, 당신의 푸른 기침소리였지
>
> —「코리아타운」 제3연

외국에 나가 있으면 한국에서 벌어지는 일들이 더욱 큰 비극으로 다가오게 마련이다. 근심걱정이 귀를 쫑긋 세우게 하고 교회에 다니게 한다. 동포를 만나게 하고 동포를 위해 일하게 한다. 시를 쓰게 하고 시 동인을 만들게 한다. 모국어를 잊지 않게 하고 나 자신의 정체성을 확인하게 한다.

첫바퀴 돌아가는 언어의 복합지대
눈치 빠른 사람들 안 보이는
억지로 이방언어로 꿰맞춘 이름표
가슴에 달고
모국어로 시를 써야 속 시원한 시인은
돌배나무 가로수 길 지나
집으로 돌아와
모국어여 시(詩)여 소리치네

―「꽃이 모국어로 말한다」 제2연

미국사회는 다인종사회이면서 영어문화권이다. 영어를 못하면 살아가기가 어렵다. 집 바깥에서는 생업을 위해 영어를 쓰지만 귀가해서는 모국어로 시를 쓴다. 애국애족을 시를 쓰면서 실천하는 것이다. 이런 점에서 국내에 거주하며 시를 쓰고 있는 우리가 재미시인들을 본받고 반성해야 한다. 지금 국내 시단에서는 문법 파괴와 시어 오용이 무슨 유행처럼 번지고 있는 중이니.

북국(北國)으로 날아가는 기러기들을
그 슬픈 울음소리를
하늘의 난민이라고 쓴다

하늘이 몹시 시끄러웠다.

—「기러기들 시 쓰다」 후반부

이 시를 읽으며 유리왕의 「황조가」를 다시 떠올린다. 시란 울음소리이며 사랑노래이다. 기러기들도 몸으로 시를 쓰고 있으므로 나는 무엇을 할 수 있으며 무엇을 분명히 할 것이다. 시인은 "지구 한쪽 귀퉁이/점보다 작은 의사 하나 차지하여/시를 쓴다"고 한다. 시를 쓰면서 자신의 존재를 확인하는 것이다. 살아 있음을.

찢어진 옷깃 사이 피 묻은
살[肉] 너덜너덜 내비치며
나를 찾아왔는가.
삐걱거리는 문밖에서
동동거리는 네 발소리는 점점 다급해지고,
칠흑 같은 시간, 너와 동행하여

지쳐버린 열흘 굶은 몸 추스르다가,

얼른 소리를 찾아간다.

네 피 묻은 손이 피워내는
색과 향의 그늘,
별처럼 차갑고 아득한 눈동자……

고통이여
너를 안는다

고통이 녹아져
흔적도 없이 사라진다

내 안에서.

—「시」 전문

그 어떤 고통도 시를 쓰면 잊게 된다는 것이 이 시의 주제이리라. 시란 이런 것이다. 하지만 시 쓰기란 이렇게 처절할 정도로 고통스런 것이다. 시인 되기란 이렇게 가혹하게 힘든 것이다. 그러므로 시인이 시를 쓰지 않고 있을 때, 그는 산 주검이며 죽은 생명이다. 시를 쓸 때 보람과 고통을 함께 느낀다. 울면서 웃고 웃으면서 운다. 곽 시인은 시 쓰기를 이렇게 정의하고 있다. "고통이 녹아져/흔적도 없이 사라진다//내 안에서."라고. 영어를 쓰는 사람에 둘러싸여 살면서 모국어를 지켜 시를 쓰는 행위는 사실 고국에서 시 쓰는 것보다 몇 배 힘든 일이리라. 이 힘듦을 힘들게 생각하지 않고 시인의 길을 걸어온 곽상희 시인의 또 하나의 매듭을 지금까지 울음과 웃음으로 풀어보았다.

그렇게 울어도 마르지 않는
강이 있었는데
그토록 퍼내어도 끝나지 않는
강물 하나 있었는데.

—「육체 꽃」 마지막 연

지금으로부터 1,900년 전 고조선 시대에 백수광부의 처는 술에 취해 강을 건너는 남편을 보며 목을 놓아 울었다. 지금 이 시대에는 곽상희라는 시인이 온 몸으로 울고 있다. 때로는 푸른 파 여자처럼 환하게 웃고 있다. 그 울음소리와 웃음소리가 미주 시단을, 나아가 우리 한국 시단을 밝게 비춰줄 것이다.

문학의전당 시인선 134

고통이여 너를 안는다

ⓒ 곽상희

초판 1쇄 발행 2012년 8월 25일
지은이 곽상희
펴낸이 김석봉
펴낸곳 문학의전당
출판등록 제311-2012-000043호
주소 서울시 은평구 연서로11길 7-5 401호
편집실 서울시 마포구 공덕2동 404 풍림VIP빌딩 413호
전화 02-852-1977
팩스 02-852-1978
블로그 http://blog.naver.com/mhjd2003
전자우편 sbpoem@hanmail.net

ISBN 978-89-98096-02-1 03810